VŮNĚ ČESKÉ KUCHYNĚ

Objevte chutě české kuchyně se skvělými
a chutnými recepty z české kuchyně:
Česká republika recept na národní jídlo

Peter Bernard

OBSAH

ÚVOD

Vítejte v "Vůni české kuchyně", smyslové cestě přes 100 vůní z českých kuchyní, které definují bohatý a chutný svět české kuchyně. Tato kniha je oslavou aromatických a uklidňujících tradic, které formovaly českou kuchyni, a zve vás k prozkoumání vůní, chutí a kulinářského dědictví regionu. Připojte se k nám a ponořte se do hřejivých vůní, které vycházejí z českých kuchyní, a vytvořte symfonii nádherných vůní, které zachycují podstatu české kuchyně.

Představte si kuchyni plnou svůdných vůní pikantních gulášů, čerstvě upečeného pečiva a vydatných knedlíků. "Vůně české kuchyně" je víc než jen sbírka receptů; je to cesta do kulturní a kulinářské tapisérie české kuchyně, kde každá vůně vypráví příběh o tradici, vřelosti a radosti ze setkání u stolu. Ať už máte české kořeny, nebo vás prostě přitahují chutě středoevropské kuchyně, tyto recepty jsou vytvořeny tak, aby vás inspirovaly k tomu, abyste znovu vytvořili autentické vůně, díky nimž je česká kuchyně tak výjimečná.

Od klasického guláše po sladké koláče, každá vůně je oslavou rozmanitých a uklidňujících chutí, které definují českou kuchyni. Ať už plánujete rodinnou večeři nebo zkoumáte lahůdky českého pečiva, tato kniha je vaším oblíbeným zdrojem, jak zažít celé spektrum bohémských vůní.

Vydejte se s námi na aromatickou cestu „Vůní české kuchyně", kde každý výtvor je svědectvím vůní a chutí, které definují potěšující tradice české kuchyně. Nasaďte si tedy zástěru, přijměte lákavé vůně a pojďme se ponořit do rozkošných vůní, díky kterým je česká kuchyně skutečně smyslovým zážitkem.

SNÍDANĚ

1.Míchaná vejce s cuketou a liškami

SLOŽENÍ:

- 4 vejce
- 1/2 cukety, nakrájíme na tenké plátky
- velká hrst lišek, velká rozpůlená
- 50 gramů klobásy, nakrájené na tenké plátky
- 1 malá cibule, nakrájená nadrobno
- 50 g nastrouhané mozzarelly
- 1 lžíce másla
- 1/3 šálku mléka nebo smetany
- pepř, sůl

INSTRUKCE:

a) Ve střední misce rozšleháme vejce s mlékem nebo smetanou.

b) Na střední pánev dejte máslo na střední teplotu, přidejte klobásu, cibuli a opékejte 2-3 minuty. Poté přidáme cuketu s houbami a vaříme do změknutí.

c) Snižte teplotu na minimum, přidejte vaječnou směs, vařte, dokud nejsou zamíchané podle vašich představ, poté vmíchejte mozzarellu.

d) Dochuťte solí a pepřem a podávejte s toasty.

2.Chlebíčky (otevřené sendviče)

SLOŽENÍ:
- Krájený chleba
- Máslo
- Šunka nebo salám
- Sýr
- Vejce natvrdo
- Čerstvá zelenina (např. rajčata, okurky)
- Majonéza
- Hořčice
- čerstvá petrželka (na ozdobu)

INSTRUKCE:
a) Nakrájený chléb potřete máslem.
b) Vrstva se šunkou nebo salámem, sýrem a plátky natvrdo uvařených vajec.
c) Navrch přidejte čerstvou zeleninu.
d) Pokapejte majonézou a hořčicí.
e) Ozdobte čerstvou petrželkou.

3.Palačinky (české palačinky)

SLOŽENÍ:

- 2 hrnky univerzální mouky
- 2 šálky mléka
- 2 velká vejce
- 2 lžíce cukru
- 1/2 lžičky soli
- Máslo (na vymazání pánve)

INSTRUKCE:

a) V míse prošlehejte mouku, mléko, vejce, cukr a sůl do hladka.
b) Rozpálíme pánev a vymažeme máslem.
c) Na pánev nalijte naběračku těsta, krouživým pohybem potřete dno.
d) Vařte, dokud se okraje nezvednou, poté otočte a opečte z druhé strany.
e) Opakujte, dokud není těsto hotové.

4.Ovocné Knedlíky (ovocné knedlíky)

SLOŽENÍ:
- 2 šálky bramborové kaše
- 2 hrnky univerzální mouky
- 2 velká vejce
- Sůl
- Různé druhy ovoce (švestky, jahody)
- Máslo
- Moučkový cukr

INSTRUKCE:
a) Smíchejte bramborovou kaši, mouku, vejce a špetku soli a vytvořte těsto.
b) Těsto rozdělte na porce a každou vyrovnejte.
c) Doprostřed položte kousek ovoce a těsto kolem něj uzavřete.
d) Vaříme v osolené vodě, dokud knedlíky nevyplavou.
e) Scedíme, potřeme máslem a posypeme moučkovým cukrem.

5.Omeleta s Houbovým Nádivkem

SLOŽENÍ:

- 3 vejce
- 1/2 šálku žampionů, nakrájených na plátky
- 1/4 šálku cibule, jemně nakrájené
- 1/4 šálku papriky, nakrájené na kostičky
- Sůl a pepř na dochucení
- Máslo nebo olej na vaření

INSTRUKCE:

a) Na másle orestujte houby, cibuli a papriku do změknutí.
b) Rozšleháme vejce a nalijeme na zeleninu v pánvi.
c) Vařte, dokud okraje neztuhnou, poté omeletu přeložte napůl.
d) Dochuťte solí a pepřem.

6.Tvarohové Nákypy

SLOŽENÍ:

- 2 šálky tvarohu
- 3 vejce
- 1/2 šálku cukru
- 1/4 šálku krupice
- 1/4 šálku rozinek
- 1 lžička vanilkového extraktu
- Máslo (na mazání)

INSTRUKCE:

a) Předehřejte troubu na 350 °F (175 °C) a zapékací mísu vymažte máslem.

b) V míse smícháme tvaroh, vejce, cukr, krupici, rozinky a vanilkový extrakt.

c) Směs nalijte do zapékací mísy a pečte dozlatova.

7.Šunková Pomazánka (šunková pomazánka)

SLOŽENÍ:

- 1 šálek vařené šunky, jemně nasekané
- 1/2 šálku smetanového sýra
- 2 lžíce majonézy
- 1 lžíce dijonské hořčice
- Pažitka, nakrájená
- Sůl a pepř na dochucení

INSTRUKCE:

a) V misce smíchejte nakrájenou šunku, smetanový sýr, majonézu, dijonskou hořčici a pažitku.

b) Míchejte, dokud se dobře nespojí.

c) Dochuťte solí a pepřem podle chuti.

d) Mažte na chleba nebo krekry.

8.České müsli (české müsli)

SLOŽENÍ:

- 1 šálek ovesných vloček
- 1 hrnek jogurtu
- 1/2 šálku mléka
- 1 lžíce medu
- Čerstvé ovoce (bobule, plátky banánu)
- Ořechy a semínka (volitelné)

INSTRUKCE:

a) V misce smíchejte ovesné vločky, jogurt, mléko a med.

b) Necháme uležet v lednici přes noc nebo alespoň 30 minut.

c) Před podáváním posypte čerstvým ovocem a volitelnými ořechy a semínky.

9.České bramboráky

SLOŽENÍ:

- 2 velké červené brambory, syrové
- 1/4 šálku cibule
- 1 polévková lžíce mouky
- 1/2 lžičky soli
- Pepř podle chuti
- 3 lžičky oleje, rozdělené, na smažení

INSTRUKCE:

a) V kuchyňském robotu smíchejte oloupané a nakrájené brambory a cibuli. Zpracujte po dobu 30 sekund, nebo dokud nebudou vidět hrudky.

b) Nechte 5 minut nebo déle odkapat v jemném sítku umístěném nad miskou.

c) Scezenou tekutinu opatrně vyjměte, ale zachovejte bílý škrob, který se nashromáždil na dně.

d) Ke škrobu přidejte scezenou směs brambor/cibuli, mouku, sůl a pepř.

e) Zahřejte 1/2 lžičky oleje v litinové pánvi na středním plameni. Naplňte pánev 1/4 šálku kopečky, každou zploštěte na stejnoměrnou tloušťku.

f) Opékejte asi 3 minuty z každé strany a podle potřeby přidejte 1/2 lžičky oleje. Pokud nemáte litinu, vařte je na středně vysokou teplotu, což bude trvat trochu déle.

PŘEDCHOVY A SVAČINKY

10. Koláčky (pečivo plněné ovocem)

SLOŽENÍ:
- Listy z listového těsta
- Ovocný džem nebo zavařeniny (meruňka, švestka, malina)
- Moučkový cukr na posypání

INSTRUKCE:
a) Vyválíme pláty listového těsta a nakrájíme na čtverce.
b) Do středu každého čtverce dejte malý kopeček ovocného džemu.
c) Těsto přeložte přes marmeládu a vytvořte trojúhelník nebo obdélník.
d) Okraje přitiskněte, aby se uzavřely a pečte dozlatova.
e) Před podáváním poprášíme moučkovým cukrem.

11.Utopenec (nakládaná klobása)

SLOŽENÍ:

- české klobásy (utopenec)
- Kyselé okurky
- Cibule nakrájená na tenké plátky
- Hořčice a chléb (volitelné)

INSTRUKCE:

a) Nakrájejte klobásy a okurky na kousky velikosti sousta.
b) Smícháme s cibulí nakrájenou na tenké plátky.
c) Podáváme jako svačinu s párátky.
d) Případně namažte hořčici na chleba a naplňte směsí.

12.Bramboráky (bramboráky)

SLOŽENÍ:

- 4 velké brambory, nastrouhané
- 1 cibule, nakrájená nadrobno
- 2 vejce
- 3 lžíce univerzální mouky
- Sůl a pepř na dochucení
- Olej na smažení

INSTRUKCE:

a) Brambory nastrouháme a vymačkáme přebytečnou vlhkost.
b) Smícháme s nakrájenou cibulí, vejci, moukou, solí a pepřem.
c) Na pánvi rozehřejte olej a po lžících přidávejte směs.
d) Zploštíme a opečeme z obou stran dozlatova.
e) Podávejte se zakysanou smetanou nebo jablečným pyré.

13.Cuketové okurky

SLOŽENÍ:

- 3 kg cukety (směs žluté a zelené)
- 5 lžic soli
- 500 g cibule
- 500 g mrkve, nastrouhané
- 1 kg červené papriky, nakrájené na kostičky
- 250 ml dvojitého octa (10%)
- 200 g krupicového cukru
- 1 lžička bobulí nového koření
- 1/2 lžičky mletého chilli
- 3 lžičky bílého hořčičného semínka
- 1 lžíce kuliček černého pepře
- 1 lžička semínek koriandru
- 6 bobkových listů
- rostlinný olej

INSTRUKCE:

a) Cukety důkladně omyjeme, ale neloupeme. Škrabkou na zeleninu nakrájejte nebo nakrájejte na dlouhé tenké kousky. Přidejte do mísy a dochuťte 3 lžícemi soli. Všechny ingredience smícháme v míse a necháme 2 až 3 hodiny odstát.

b) Oloupejte a nakrájejte cibuli, poté ji vložte do samostatné misky se zbylou solí a dobře promíchejte. Nechte 2 až 3 hodiny na přípravu.

c) Slijte tekutinu, která se nashromáždila v cuketách a cibuli. Ve velké mixovací nádobě smíchejte cuketu, cibuli, nakrájenou mrkev a nakrájenou papriku.

d) V hrnci přiveďte k varu ocet, poté přidejte cukr a koření (kromě bobkového listu). Ještě horkou s ní přelijeme zeleninu. 3 hodiny marinování

e) a)Sterilizujte sklenice tak, že do nich přenesete zeleninu a tekutinu. Sklenice uzavřeme víčkem a do každé přidáme 1 bobkový list a 1 lžíci oleje.

f) Do velkého hrnce vyloženého čistou utěrkou umístěte sklenice a přidejte tolik horké vody, aby vyteklo do 3/4 po stranách sklenic.

g) Přiveďte k varu a poté vařte 20 až 30 minut ve vroucí vodní lázni na pánvi vyložené čistým ručníkem, přičemž horká voda sahá do 3/4 výšky sklenic.

14.Rychlá nakládaná okurka

SLOŽENÍ:

- 1/2 cibule, jemně nakrájené
- 75 ml bílého octa
- 100 g moučkového cukru
- 3/4 lžičky soli
- 1 okurka, omytá a nakrájená na tenké plátky

INSTRUKCE:

a) Smíchejte nakrájenou cibuli, ocet, cukr a sůl v malé nádobě.

b) Před podáváním dejte do lednice alespoň na 30 minut, promíchejte s nakrájenou okurkou.

15.České nakládané houby

SLOŽENÍ:

- 1,5 kg malých hub
- 2 lžičky soli
- 250 ml 10% bílého octa
- 750 ml vody
- 1 cibule, nakrájená na kroužky
- 1 1/2 lžičky soli
- 3 až 4 lžičky cukru
- 10 kuliček černého pepře
- 3 bobule nového koření
- 1 bobkový list

INSTRUKCE:

a) Pomocí suchého hadříku houby okrájíme a očistíme. Vařte 30 minut na mírném ohni po přenesení na pánev s 2 l vroucí vody a 2 lžícemi soli.

b) V míse smíchejte ocet a 750 ml vody. Smíchejte cibuli, 1 1/2 lžičky soli, cukr, kuličky pepře, nové koření a bobkový list ve velké míse. Přiveďte k varu a poté na 5 minut snižte teplotu.

c) Uvařené houby po scezení dejte do sterilovaných skleniček. Pevně uzavřeme víčky a zalijeme horkou solankou. Před podáváním nechte 3 až 4 týdny vychladnout před chladem.

16.Tvarohová pomazánka s křenem

SLOŽENÍ:

- 1 hrnek tvarohu
- 2 lžíce strouhaného křenu
- Sůl a pepř na dochucení
- Nasekaný čerstvý kopr
- Chléb nebo sušenky k podávání

INSTRUKCE:

a) V misce smícháme tvaroh a nastrouhaný křen.
b) Dochuťte solí a pepřem podle chuti.
c) Navrch posypeme nasekaným čerstvým koprem.
d) Mažte na chleba nebo krekry.

17.Tradiční české koblihy

SLOŽENÍ:
- 2 balíčky aktivního sušeného droždí (4 1/2 lžičky)
- 1 1/2 šálku rostlinného mléka , teplého, asi 110 F
- 1/2 šálku krystalového cukru
- 1/2 šálku kokosového másla při pokojové teplotě
- 1 lžíce brandy nebo rumu
- 1 lžička soli
- 4 1/2 až 5 šálků univerzální mouky
- 1 galon rostlinného oleje, pro hluboké smažení
- Asi 1/2 šálku krupicového cukru na válení g
- Asi 1/2 hrnku cukrářského cukru na válení
- 1 šálek džemu nebo ovocné pasty pro plnění, volitelně

INSTRUKCE:
a) V malé misce rozpusťte droždí v teplém rostlinném mléce. Po zamíchání odstavte, aby se rozpustil.

b) Smíchejte cukr a kokosové máslo ve velké míse nebo ve stojanovém mixéru vybaveném lopatkovým nástavcem, dokud nezpění.

c) Vmíchejte brandy nebo rum a také sůl, dokud se dobře nespojí.

d) Pomocí lopatkového nástavce střídavě přidávejte 4 1/2 šálku mouky a směs rostlinného mléka a droždí. Strojem šlehejte 5 minut nebo déle do hladka, nebo ručně déle.

e) Do olejem vymazané mísy dejte těsto. Otočte pánev na máslo z druhé strany.

f) Vršek zakryjte plastovým obalem a nechte kynout 1 až 2 1/2 hodiny, nebo dokud nezdvojnásobí objem.

g) Povrch lehce pomoučený moukou a těsto vyválejte. Pat nebo válet na tloušťku 1/2 palce. Abyste předešli plýtvání, použijte 3palcový řezák na sušenky k nakrájení koleček těsně u sebe.

h) Před smažením přikryjte plech vlhkou utěrkou a nechte kolečka kynout, dokud nezdvojnásobí hmotu, asi 30 minut.

i) Zahřejte olej ve velké pánvi nebo holandské troubě na 350 stupňů F. Umístěte několik kynutí pczki do oleje horní stranou dolů (suchou stranou) a vařte 2 až 3 minuty, nebo dokud není spodek zlatavě hnědý.

j)   Otočte je a vařte další 1–2 minuty nebo do zlatohněda. Dbejte na to, aby se olej příliš nezahříval, aby vnější strana nezhnědla před dokončením vnitřku. Zkontrolujte vychladlou, abyste zjistili, zda je zcela uvařená. Doba vaření a teplota oleje by měly být odpovídajícím způsobem upraveny.

k) Ještě teplé obalujeme v krystalovém cukru. Pokud je chcete naplnit, udělejte na boku pczki dírku a cukrářským sáčkem do ní vymačkejte velkou hrst náplně dle vašeho výběru. Naplněné pczki pak posypte krystalovým cukrem, cukrářským cukrem nebo polevou.

l)   Pczki se špatně uchovávají, takže je snězte hned nebo je zmrazte, chcete-li mít nejlepší chuť. Užívat si.

18.Česká pizza

SLOŽENÍ:
- 1 lžička kokosového másla
- ½ cibule, nakrájená na kostičky
- 1 (4 oz) plechovka nakrájených hub, okapaných
- Sůl a pepř na dochucení)
- ½ francouzské bagety, podélně rozpůlené
- 1 cl sýra
- Kečup (nahoru)

INSTRUKCE:
a) Předehřejte troubu na 400 stupňů Fahrenheita.
b) Na velké nepřilnavé pánvi rozehřejte olej. Cibuli a houby restujte 5 minut nebo do měkka. Dochuťte solí a pepřem podle chuti.
c) Na plech naskládejte půlky bagety (nebo plátky chleba). Navrch přidáme houbovou směs a sýr.
d) Pečte 10 minut, nebo dokud sýr nezezlátne a nerozpustí se.
e) Podáváme s kečupem na boku.

19.Pierogi Bites

SLOŽENÍ:

- 14 plátků slaniny, překrojených napůl
- Mini bramborové pirohy 12 uncí, rozmražené
- 1/4 šálku světle hnědého cukru

INSTRUKCE:

a) Předehřejte troubu na 400 °F. Pomocí spreje na pečení potřete pečicí papír s okrajem.

b) Střed každého pierogi obtočte slaninou a položte na plech. Hnědý cukr by měl být rovnoměrně rozložen.

c) Pečte 18 až 20 minut při 350 °F.

20.Okurky v kokosovém krému

SLOŽENÍ:

- 1 velká okurka se semeny nebo bez nich, nakrájená na tenké plátky
- 1 cibule nakrájená na tenké plátky a rozdělená na kroužky
- 1/2 šálku kokosové smetany
- 1 lžička cukru
- 2 lžičky bílého octa (volitelně)
- 1 lžíce nasekaného čerstvého kopru
- sůl a pepř

INSTRUKCE:

a) Smíchejte kokosovou smetanu, ocet, cukr a pepř v servírovací misce.

b) Přidejte okurky a cibuli a promíchejte, aby se spojily.

21.Houbová pohanková mísa

SLOŽENÍ:

- 2 cibule
- 1 mrkev
- 2 stroužky česneku
- 45 g kokosového másla
- 150 g žampionů
- 150 g pohanky
- 1 bobkový list
- 1 kostka zeleninového vývaru
- Hrst kopru, pouze listy
- 50g raketa
- 150 g rostlinného jogurtu
- Mořská sůl
- Čerstvě mletý pepř
- 1 lžička olivového oleje
- 400 ml vroucí vody

INSTRUKCE:

a) Cibuli po oloupání nakrájíme na jemné plátky. Mrkev by měla být oloupaná a jemně nakrájená. Česnek je třeba oloupat a nastrouhat nebo rozdrtit.

b) Do pánve přidejte cibuli, kokosové máslo a špetku soli a pepře. Vařte a míchejte 5–8 minut, nebo dokud není cibule kašovitá a tmavě zlatavá – snižte teplotu, pokud hnědne příliš nebo příliš rychle.

c) Přidejte mrkev, česnek a houby do pánve a míchejte, aby se spojily. Vařte 5 minut za občasného míchání, dokud nejsou houby vlhké.

d) Přidejte pohanku a bobkový list a promíchejte, aby se spojily. V kostce vývaru rozdrobte. Do hrnce nalijte 400 ml vroucí vody.

e) Dusíme 12-15 minut, nebo dokud se voda neodpaří a pohanka není měkká, ale stále pevná.

f) Ze snítek kopru seberte měkké lístky a nahrubo je nasekejte, zatímco se pohanka dusí. Nakrájejte raketu na malé kousky.

g) Pohanku ochutnejte a případně dochuťte trochou soli nebo pepře. Přihoďte většinu kopru a raketu vidličkou. Nahřáté misky naplníme do poloviny pohankou.

h) Ozdobte lžičkami rostlinného jogurtu a zbylou rukolou a koprem.

22.S nízko pečený pórek

SLOŽENÍ:

- 4 pórky
- ¼ šálku olivového oleje
- 1 lžička mořské soli

INSTRUKCE:

a) Promíchejte pórek s olivovým olejem a solí ve velké mixovací nádobě, dokud nebude dobře obalený. Na připravený plech položte pórek řeznou stranou dolů.

b) Pečicí plech opatrně zabalte do alobalu – nemusí být zcela utěsněný, ale měl by být co nejtěsnější. Vraťte plech do trouby a snižte teplotu na 300 stupňů.

c) Pečte 15 až 30 minut, nebo dokud pórek nezměkne. Plech vyjmeme z trouby a pórek otočíme. Vraťte do trouby, zvyšte teplotu na 400 °F a pečte 15–20 minut, nebo dokud nebudou křupavé a zlatavě hnědé.

23.Bialys uzená cibule a mák

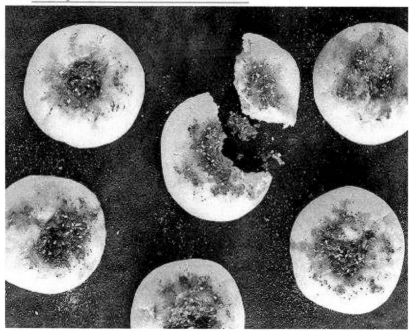

SLOŽENÍ:
- cibule 1 velká, oloupaná a nakrájená na silné plátky
- aktivní sušené droždí 1 lžička
- silná bílá chlebová mouka 300 g
- mouka hladká 175g, plus více na podsypání
- mořská sůl 1½ lžičky
- mouka hladká 50g
- aktivní sušené droždí ½ lžičky
- olivový olej 1 polévková lžíce
- uzená mořská sůl ¼ lžičky
- sladká uzená paprika ¼ lžičky
- mák 1 lžička plus špetka navíc na posypání
- pár špetek sezamových semínek

INSTRUKCE:
a) V míse smíchejte mouku a droždí s 50 ml teplé vody, zakryjte potravinářskou fólií a odstavte přes noc.

b) Těsto začněte další den tím, že cibuli vložíte do malé pánve se 150 ml vody. Zahřejte vodu, dokud nezačne bublat, a poté ji stáhněte z ohně.

c) Vyjměte z trouby a nechte vychladnout na pokojovou teplotu. Nalijte vodu do odměrky a ujistěte se, že má 150 ml; pokud ne, přidejte další. Cibuli odložte na později.

d) Mezitím smíchejte droždí a 100 ml teplé vody v míse a nechte 10-15 minut, nebo dokud nezpění.

e) Mouky nasypte do stojanového mixéru s hnětacím hákem a po zpěnění kváskové směsi přidejte předkrm a cibulovou vodu.

f) Začněte míchat při nízké rychlosti, aby se těsto spojilo, poté zvyšte rychlost na střední a těsto hněťete 5 minut.

g) Po přidání soli ještě minutu hněteme.

h) hněteme 10-15 minut na lehce pomoučené pracovní ploše rukama). Nechte těsto zdvojnásobit svůj objem v teplém prostředí po dobu až 2 hodin, zakryté naolejovanou potravinářskou fólií.

i) Těsto několikrát promáčkněte, aby se srazilo zpět, a poté ho nakrájejte na 8 stejných kousků.

j) Těsto rozválejte na plochá kolečka, uprostřed propíchněte dírky, aby se náplň vytvořila, a dejte na pomoučený plech.

k) Když jsou všechny tvary hotové, volně je přikryjte potravinářskou fólií nebo vlhkou utěrkou. Nechte dalších 20 minut kynout, dokud nebude nafouklé a kulaté.

l) Během kynutí těsta připravte náplň. Blanšírovanou cibuli nakrájíme nadrobno a dáme do menší pánve s olejem. Smažte, dokud se nerozpustí a nezezlátne, poté za stálého míchání přidejte uzenou mořskou sůl a papriku. Vařte ještě pár minut, poté přidejte mák a špetku černého pepře. Chladný

m) Předehřejte troubu na 220 stupňů Celsia/horkovzdušnou 200 stupňů Celsia/plyn 7. Když jsou bialys připravené k pečení, vložte do středu každého asi 1 polévkovou lžíci cibule a posypte mákem a sezamovými semínky.

n) Na bilys položte převrácenou hlubokou formu a na ni položte závaží odolné vůči troubě – velkou zapékací mísu nebo dokonce blok.

o) Pečte 15 minut, poté formu vyjměte a pečte dalších 5–8 minut, dokud bialys nezezlátnou.

24.Kokos P aczki

SLOŽENÍ:

- 1 1/3 šálku kokosového rostlinného mléka
- 1/3 šálku cukru
- 2 vrchovaté lžičky droždí
- 1/2 lžičky soli
- 1 lžička vanilky
- Několik koktejlů muškátového oříšku a kardamomu (volitelné)
- 2 3/4 šálků univerzální mouky

INSTRUKCE:

a) Ve velké míse smíchejte všechny ingredience kromě mouky.

b) Těsto hněteme jen tolik, aby se spojilo.

c) Mísu zakryjte plastovou fólií a nechte kynout 2 hodiny nebo do zdvojnásobení.

d) Těsto opatrně vyklopte na pomoučněnou desku . Po vyválení na tloušťku 1/2 palce nakrájejte na kolečka.

e) Vložte koblihy na plech vyložený pečicím papírem a vysypaný moukou. Zakryjte potravinářskou fólií a nechte ještě asi hodinu kynout.

f) Ve fritéze rozehřejte trochu rostlinného oleje.

g) Smažte 2–3 minuty z každé strany, poté před plněním nechte okapat na papírových utěrkách, aby vychladly.

h) Pomocí cukrářského sáčku a špičky naplňte marmeládou nebo pudinkem a obalte v moučkovém nebo krupicovém cukru. Užívat si!

25.Kedlubnový řízek

SLOŽENÍ:
- 1 velká kedlubna
- olej na smažení
- 1/4 šálku univerzální mouky (můžete podložit besanovou nebo sójovou moukou)
- 1/2 šálku vody
- 1/2 lžičky mleté papriky
- 1/2 lžičky soli

CHLEBENÍ
- 1/3 šálku strouhanky
- 1/2 lžičky soli
- 1/2 lžičky mleté papriky
- 1 lžička drcených dýňových semínek (volitelně)
- 1 lžička sezamových semínek (volitelně)

INSTRUKCE:
a) Kedlubny omyjte a odstraňte případné zbývající listy. kedlubny je třeba nakrájet na 4-6 plátků (přibližně 1/3 palce tlusté). Pomoc škrabky na zeleninu odstraňte vnější vrstvu.

b) Ve velkém hrnci přiveďte k varu vodu a přidejte plátky kedlubny. Nechte 10 minut vaření. Ve středu by měly začít být průsvitné Poté je sceďte, osušte papírovými utěrkami a nechte vychladnout

c) Smíchejte ingredience na pečivo v samostatné misce.

d) Plátky kedlubny obalte v chlebu, když jsou dostatečně vychladlé aby se daly manipulovat.

e) Na velké pánvi rozehřejte olej na smažení (tak, aby pokryl dno) a přidejte obalovaný kedlubnový řízek. Vařte asi 5 minut z každé strany na středně vysoké teplotě. Z obou stran by měly být zlaté a křupavé.

f) Položte je na papírovou utěrku, aby po smažení absorbova přebytečný olej a užívejte si!

26.České palačinky s droždím

SLOŽENÍ:

- 225 g univerzální mouky
- 240 ml teplého rostlinného mléka
- 1⅙ lžičky rychlého droždí cca. 4 g
- 1 lžíce cukru
- Špetka soli
- 5 lžic rostlinného oleje
- Na kompot
- 1,5 šálku čerstvých nebo mražených bobulí
- 1 lžíce javorového sirupu
- ¼ lžičky pasty nebo extraktu z vanilkového lusku

INSTRUKCE:

a) Předehřejte troubu na nejnižší možný stupeň.

b) Ve velké míse šlehejte droždí a cukr do teplého rostlinného mléka po dobu asi 30 sekund.

c) Vsypte mouku, přidejte špetku soli a míchejte 2-3 minuty. Mísu přikryjte utěrkou a vložte ji do středu trouby na 50–60 minut, dokud nezdvojnásobí svůj objem.

d) Na velké pánvi rozehřejte 1–2 lžičky oleje, poté oheň snižte a na pánev dejte lžíce těsta (aniž byste ji přeplňovali). Těsto bude lepkavé.

e) Smažte palačinky asi 21/2 minuty z každé strany na mírném ohni. Ihned podávejte.

f) K přípravě ovocného kompotu smíchejte ovoce, javorový sirup a vanilku v hrnci a vařte 5 minut na středním plameni, nebo dokud ovoce nezměkne a nezačne pouštět šťávu.

HLAVNÍ CHOD

27.Marinované hovězí maso se smetanovou omáčkou

SLOŽENÍ:

- 2 libry hovězí svíčkové
- 2 cibule, nakrájené
- 2 mrkve, nakrájené
- 2 řapíkatý celer, nakrájený
- 2 šálky hovězího vývaru
- 1 šálek husté smetany
- 1/2 šálku bílého vinného octa
- 1/4 šálku rostlinného oleje
- 3 lžíce univerzální mouky
- 2 lžíce dijonské hořčice
- Sůl a pepř na dochucení
- 1 bobkový list
- 5 celých plodů nového koření

INSTRUKCE:

a) Hovězí maso marinujte ve směsi cibule, mrkve, celeru, octa, oleje, soli a pepře několik hodin.

b) Hovězí maso vyjmeme z marinády, opečeme do zhnědnutí.

c) Přendejte do hrnce, přidejte marinádu, hovězí vývar, bobkový list a nové koření.

d) Dusíme, dokud maso nezměkne.

e) Maso vyjmeme, vývar přecedíme a přidáme smetanu, mouku a hořčici.

f) Vaříme, dokud omáčka nezhoustne. Hovězí maso nakrájíme a podáváme s omáčkou.

28.Vepřové s knedlíkem a kysaným zelím

SLOŽENÍ:

- 2 libry vepřové plec, nakrájené na plátky
- 1 cibule, nakrájená
- 2 stroužky česneku, mleté
- 1 lžička kmínu
- Sůl a pepř na dochucení
- 4 hrnky kysaného zelí
- 1 lžíce rostlinného oleje
- Knedlíky (koupené v obchodě nebo domácí)

INSTRUKCE:

a) Vepřové maso ochutíme solí, pepřem a kmínem.
b) Vepřové maso orestujte na oleji, dokud nezhnědne.
c) Přidejte cibuli a česnek, vařte do změknutí.
d) Přidáme kysané zelí, přikryjeme a dusíme, dokud se maso neuvaří.
e) Připravte knedlíky podle obalu nebo receptu.
f) Vepřové maso podáváme s knedlíkem s kysaným zelím.

29.Rajčatová omáčka s kuřecím masem

SLOŽENÍ:

- 4 kuřecí prsa
- 2 lžíce rostlinného oleje
- 1 cibule, nakrájená
- 2 stroužky česneku, mleté
- 2 šálky rajčatového protlaku
- 1 hrnek kuřecího vývaru
- 1 lžička cukru
- 1 lžička sušené majoránky
- Sůl a pepř na dochucení
- 1/2 šálku husté smetany (volitelně)

INSTRUKCE:

a) Kuře osolte a opepřete.
b) Kuře orestujeme na oleji do zhnědnutí, vyjmeme z pánve.
c) Cibuli a česnek orestujte do měkka.
d) Přidejte rajčatový protlak, kuřecí vývar, cukr a majoránku.
e) Vraťte kuře na pánev a vařte, dokud se neuvaří.
f) V případě potřeby vmíchejte smetanu. Podávejte s rýží nebo těstovinami.

30.Smažený sýr (smažený sýr)

SLOŽENÍ:

- 4 plátky sýra Eidam nebo Gouda
- 1 hrnek strouhanky
- 2 vejce, rozšlehaná
- Mouka na bagrování
- Rostlinný olej na smažení
- Tatarská omáčka k podávání

INSTRUKCE:

a) Plátky sýra oloupeme moukou.
b) Namáčíme v rozšlehaných vejcích a obalujeme ve strouhance.
c) Na pánvi rozehřejte olej a opékejte sýr do zlatova.
d) Podáváme s tatarskou omáčkou a ozdobíme citronem.

31.Knedlíky se zelím a uzeným masem

SLOŽENÍ:
- 4 hrnky moučných brambor, oloupaných a nastrouhaných
- 2 hrnky mouky
- 2 vejce
- Sůl
- 1 malá hlávka zelí, nakrájená
- 1 libra uzeného masa (např. uzené vepřové)
- Máslo na servírování

INSTRUKCE:
a) Smíchejte nastrouhané brambory, mouku, vejce a špetku soli a vytvořte knedlíkové těsto.
b) Tvoříme knedlíky a vaříme, dokud nevyplavou.
c) Nakrájené zelí orestujte do měkka.
d) Uzené maso naporcujeme a podáváme s knedlíkem a zelím.
e) Navrch dejte rozpuštěné máslo.

32.Hovězí Guláš (hovězí guláš)

SLOŽENÍ:

- 2 libry hovězího dušeného masa, na kostky
- 2 cibule, nakrájené nadrobno
- 3 stroužky česneku, nasekané
- 2 lžíce sladké papriky
- 1 lžička kmínu
- 2 lžíce rajčatového protlaku
- 2 šálky hovězího vývaru
- Sůl a pepř na dochucení
- Olej na vaření

INSTRUKCE:

a) Kostky hovězího masa orestujte na oleji, dokud nezhnědnou.
b) Přidejte cibuli a česnek, vařte do změknutí.
c) Vmíchejte papriku, kmín a rajčatový protlak.
d) Zalijeme hovězím vývarem, dochutíme solí a pepřem.
e) Dusíme, dokud hovězí maso nezměkne a omáčka nezhoustne.

33.Svíčková na Houbách

SLOŽENÍ:

- 2 libry hovězí svíčkové
- 1 cibule, nakrájená nadrobno
- 2 stroužky česneku, mleté
- 1 šálek žampionů, nakrájených na plátky
- 1 hrnek hovězího vývaru
- 1 šálek husté smetany
- 2 lžíce rostlinného oleje
- 2 lžíce mouky
- Sůl a pepř na dochucení

INSTRUKCE:

a) Hovězí maso opečte na oleji do zhnědnutí, vyjměte z pánve.
b) Cibuli, česnek a houby orestujte do měkka.
c) Vmícháme mouku a postupně přiléváme hovězí vývar a smetanu.
d) Vraťte hovězí maso do pánve a vařte, dokud se neuvaří.
e) Dochuťte solí a pepřem.

34.Pečená kachna s kyselou omáčkou

SLOŽENÍ:

- 1 celá kachna, očištěná a vysušená
- Sůl a pepř na dochucení
- 1 cibule, nakrájená na čtvrtky
- 2 jablka zbavená jádřinců a nakrájená na plátky
- 1 hrnek kuřecího nebo zeleninového vývaru
- 1 šálek zakysané smetany
- 2 lžíce mouky
- 2 lžíce cukru

INSTRUKCE:

a) Kachnu osolíme a opepříme.

b) Kachnu plníme čtvrtkami cibule a plátky jablek.

c) Kachnu pečeme v troubě dozlatova a uvaříme.

d) V hrnci smícháme mouku a cukr, přidáme vývar a zakysanou smetanu.

e) Vaříme, dokud omáčka nezhoustne, podáváme s pečenou kachnou.

35.Bramborový guláš (bramborový guláš)

SLOŽENÍ:
- 4 velké brambory, oloupané a nakrájené na kostičky
- 1 cibule, nakrájená nadrobno
- 2 stroužky česneku, mleté
- 2 lžíce sladké papriky
- 1 lžička kmínu
- 1 hrnek zeleninového nebo hovězího vývaru
- 2 lžíce rajčatového protlaku
- 2 lžíce rostlinného oleje
- Sůl a pepř na dochucení
- Čerstvá petrželka na ozdobu

INSTRUKCE:
a) V hrnci orestujte cibuli a česnek na rostlinném oleji, dokud nezměknou.

b) Přidejte na kostičky nakrájené brambory, papriku a kmín. Vařte několik minut.

c) Vmícháme rajčatový protlak a zalijeme vývarem.

d) Dusíme, dokud brambory nezměknou. Dochuťte solí a pepřem.

e) Před podáváním ozdobte čerstvou petrželkou.

36.Špenát s bramborovým knedlíkem

SLOŽENÍ:

- 1 libra čerstvého špenátu, umytého a nakrájeného
- 4 velké brambory, vařené a rozmačkané
- 1 hrnek mouky
- 2 vejce
- Sůl a pepř na dochucení
- Máslo na servírování

INSTRUKCE:

a) Smíchejte bramborovou kaši, mouku, vejce, sůl a pepř a vytvořte knedlíkové těsto.

b) Tvarujeme knedlíky a vaříme, dokud nevyplavou.

c) Nakrájený špenát orestujte na másle do zvadnutí.

d) K bramborovým knedlíkům podávejte špenát. Podle potřeby přidejte více másla.

37.Utopenci (nakládané klobásy)

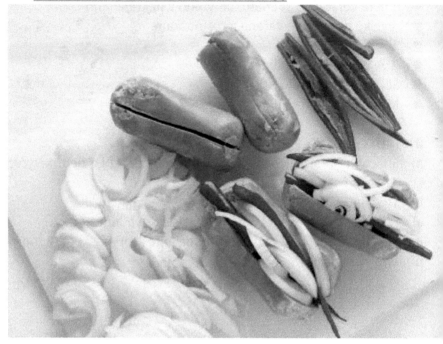

SLOŽENÍ:
- 1 libra klobás (dobře fungují odrůdy jako Klobása)
- 1 cibule, nakrájená na tenké plátky
- 1 lžíce oleje
- 1 lžička papriky
- 1 lžička kmínu
- 1 lžička cukru
- 1 šálek vody
- Ocet podle chuti
- Sůl a pepř na dochucení

INSTRUKCE:
a) Na pánvi na oleji orestujte dozlatova nakrájenou cibuli.
b) Přidejte papriku, kmín a cukr. Dobře promíchejte.
c) Zalijte vodou a octem. Přiveďte k varu.
d) Přidejte klobásy a vařte, dokud se neprohřejí.
e) Dochuťte solí a pepřem. Podávejte teplé.

38.Houbová omáčka s těstovinami

SLOŽENÍ:

- 2 šálky hub, nakrájené na plátky
- 1 cibule, nakrájená nadrobno
- 2 stroužky česneku, mleté
- 1 hrnek zeleninového nebo kuřecího vývaru
- 1 šálek husté smetany
- 2 lžíce másla
- 2 lžíce mouky
- Sůl a pepř na dochucení
- Čerstvá petrželka na ozdobu
- Vařené těstoviny

INSTRUKCE:

a) Na pánvi orestujte na másle cibuli a česnek, dokud nezměknou.

b) Přidáme nakrájené houby a vaříme, dokud nepustí vlhkost.

c) Houby posypeme moukou, dobře promícháme.

d) Za stálého míchání zalijte vývarem a smetanou, dokud omáčka nezhoustne.

e) Dochuťte solí a pepřem. Podávejte s uvařenými těstovinami, ozdobené čerstvou petrželkou.

39.Vegetariánský bigos

SLOŽENÍ:

- 1 c sušených hub
- 2 střední cibule, nakrájené
- 2 lžíce oleje
- 8-10 oz / 250 g čerstvých žampionů
- 1/2 lžičky soli
- 1/4 - 1/2 lžičky mletého pepře
- 5 - 6 kuliček pepře a bobule nového koření
- 2 bobkové listy
- 1 mrkev
- 15 švestek
- 1 lžička kmínu
- 1 lžíce uzené papriky
- 3 lžíce rajčatového protlaku
- 1 c suchého červeného vína
- 1 hlávka středního zelí

INSTRUKCE:

a) Sušené houby namočíme alespoň na hodinu do vody.

b) Ve velkém hrnci rozehřejeme olej a orestujeme nakrájenou cibuli. Očistěte a nakrájejte houby a poté, co začnou na okrajích hnědnout, je přidejte k cibuli. Pokračujte v restování se solí, drceným pepřem, kuličkami pepře, novým kořením a bobkovými listy.

c) Mrkev by se měla oloupat a nakrájet. Hodit do hrnce.

d) Vmíchejte sušené švestky nakrájené na čtvrtky, kmín, uzenou papriku, rajčatový protlak a víno.

e) Zelí by se mělo nakrájet na čtvrtky a nakrájet. Vše v hrnci smícháme dohromady.

f) Přikryjte a vařte zelí, dokud mírně nezmenší objem. Vařte dalších 10 minut, nebo dokud zelí nezměkne.

40.Slezské knedlíky

SLOŽENÍ:

- 6 až 7 středních brambor, oloupaných
- 1 zarovnaná lžíce soli
- 120 g bramborového škrobu podle potřeby

INSTRUKCE:

a) Brambory uvaříme do měkka v osolené vodě. Sceďte a rozmačkejte šťouchadlem na brambory do hladka. Chcete-li vytvořit rovnoměrnou vrstvu brambor na dně pánve, zatlačte dolů rukama.

b) Nožem nakrájejte bramborovou vrstvu na čtyři stejné poloviny. Odeberte jednu součást a rovnoměrně ji rozdělte mezi zbývající tři. Použije se pouze čtvrtina pánve.

c) Přidejte tolik bramborové mouky, aby zaplnila prázdnou čtvrtinu na stejnou úroveň jako bramborová vrstva. Potah z mouky by měl být vyhlazený.

d) Ve velkém hrnci přiveďte vodu k varu.

e) Rukama vytvořte malé kuličky velikosti vlašského ořechu. Mírně zploštěte a palcem propíchněte uprostřed díru.

f) Do vroucí vody přidejte pár knedlíků, dejte pozor, abyste pánev nepřeplnili. Promíchejte vařečkou, aby se nepřichytily ke dnu pánve a vařte, dokud nevyplavou nahoru. Pomocí děrované lžíce vyjměte kuře a podávejte s omáčkou nebo smetanou.

41.R led s jablky

SLOŽENÍ:

- 2 šálky rýže
- 4 šálky rostlinného mléka
- 1/2 lžičky soli
- 4 kyselá jablka
- 1/4 lžičky mletého muškátového oříšku
- 2 lžíce cukru
- 1/12 lžičky skořice
- 1 lžička vanilky
- 2 lžičky + 2 lžičky kokosového másla

INSTRUKCE:

a) Ve středním hrnci zahřejte rostlinné mléko se solí. Přidejte propláchnutou rýži a vařte na mírném ohni, dokud nebude hotová.

b) Pokračujte v míchání rýže. Seškrábejte ji pouze v případě, že se drží na dně. Pokračujte v mírném míchání, dokud není rýže hotová.

c) Předehřejte troubu na 350 stupňů Fahrenheita (180 stupňů Celsia).

d) Jablka po oloupání a zbavení jádřinců nastrouhejte v struhadle na zeleninu. Vařte, dokud se tekutina neodpaří na suché pánvi s muškátovým oříškem.

e) Do uvařené rýže přidejte cukr, skořici a vanilku. Vše spolu důkladně promícháme.

f) Formu o rozměrech 8 × 8 palců (20 x 20 cm) vymažte kokosovým máslem. Polovina rýže by měla jít na dno pánve, poté všechna jablka a zbývající rýže. Navrch položíme tenké plátky kokosového másla.

g) Vařte 20 minut. Podávejte teplé nebo vychlazené.

42.České nudle a knedlíky

SLOŽENÍ:
- 2 balíčky sušeného droždí
- 4 lžičky cukru
- 1 šálek plus 2 polévkové lžíce teplého rostlinného mléka
- 1 libra univerzální mouky
- 1 lžička soli
- 3 lžíce kokosového másla , rozpuštěného

INSTRUKCE:

a) V malé misce vytvořte houbu rozpuštěním droždí a cukru v rostlinném mléce a smícháním s 1/2 šálku mouky.

b) Smíchejte zbývající mouku, sůl a droždí ve velké míse. Míchejte asi 5 minut ručně nebo na stroji, nebo dokud se nedělají puchýře a neodlupují se od stěny misky. Důkladně vmícháme vychladlé rozpuštěné kokosové máslo.

c) Necháme kynout, dokud nezdvojnásobí svůj objem. Vyklopte na pomoučněnou plochu a v případě, že je těsto příliš lepivé, přimíchejte další mouku. Po poklepání na tloušťku 1 palce odřízněte 3palcovým řezákem nebo sklem. Odřezky lze znovu svinout a řezat podruhé. Nechte vykynout do dvojnásobné velikosti.

d) Mezitím naplňte dva velké hrnce do 3/4 vodou. Kruh z pytloviny mouky nebo jiného materiálu, který nepouští vlákna, uvažte řeznickým provázkem přes horní část hrnců a přiveďte vodu k varu. Vložte tolik knedlíků, kolik se vejde do nádoby.

e) Knedlíky vařte 15 minut s pokličkou na pánvi. Knedlíky se zhroutí, pokud se víko během procesu vaření v páře zvedne.

f) Případně umístěte na horní část hrnce zástěnu, přidejte tolik knedlíků, kolik se jich vejde, aniž byste se dotkli, a poté přikryjte žáruvzdornou plastovou miskou, která byla převrácena.

g) Knedlíky dejte vychladnout na mřížku. Knedlíky zmrazte nebo skladujte v sáčku na zip v lednici.

43.M akarony s jahodami

SLOŽENÍ:
- M acaroni dle vlastního výběru
- 3 šálky jahod, čerstvých nebo mražených
- 1 šálek obyčejného rostlinného jogurtu , kokosové smetany nebo řeckého rostlinného jogurtu
- cukr podle chuti

INSTRUKCE:
a) Při výrobě těstovin dle vlastního výběru postupujte podle pokynů na obalu.

b) Jahody omyjeme a zbavíme stopek. Nakrájejte několik jahod a vložte je na vrch misky.

c) V mixéru smíchejte zbývající jahody, smetanu nebo rostlinný jogurt, cukr a vanilkový extrakt.

d) Pokud chcete hutnější omáčku, rozmačkejte jahody vidličkou nebo je rozmixujte po dávkách, přičemž poslední jahody krátce rozmixujte mixérem.

e) Uvařené makarony promícháme s jahodovou omáčkou. Je výborný teplý i studený.

44.České zelí

SLOŽENÍ:

- 1 hlávka bílého zelí
- 120 g pohankové krupice
- 3 lžíce kokosového másla
- 2 lžíce olivového oleje
- 1 cibule, nakrájená
- 1 stroužek česneku, nasekaný
- 300 g žampionů, nakrájených
- 1 lžíce sušené majoránky
- 2 kostky zeleninového vývaru
- sójová omáčka podle chuti
- sůl a pepř na dochucení

INSTRUKCE:

a) Přiveďte k varu ve velké konvici s vodou. Před vložením do hrnce zelí odstraňte jádřinec. Jakmile vnější listy změknou, odstraňte je. Silná část žeber zelí by měla být oříznuta. Odstraňte z rovnice.

b) Mezitím si připravte pohankové krupice podle návodu na obalu. Scedíme a necháme stranou 1 lžíci kokosového másla.

c) Na pánvi rozehřejeme olej a orestujeme cibuli a česnek.

d) Na stejné pánvi rozpustíme 1 lžíci kokosového másla a orestujeme žampiony. Vhoďte orestovanou pohanku a cibuli. Majoránka, sójová omáčka, sůl a pepř podle chuti. Důkladně promíchejte.

e) Na dno zapékací misky dejte drobné nebo nalámané listy zelí. Do středu každého listu přidejte asi 2 lžičky náplně.

f) Zastrčte konec zelí přes nádivku a přeložte přes ni strany zelí. Ze zelí vytvořte balíček tak, že ho srolujete a konce překryjete, aby se uzavřel. Každý vložte do připravené zapékací misky, stranou se švem dolů.

g) V odměrce na 500 ml rozpustíme kostky vývaru a nalijeme na závitky zelí. Přidejte poslední část kokosového másla. Přikryjeme zbytkem kapustových listů.

h) Vařte na mírném ohni 30 až 40 minut.

45.Czech Knedle se švestkami

SLOŽENÍ:

- 10 (350 g) brambor uvařených, vychladlých a oloupaných
- 1/2 šálku ovesné mouky
- 1/4 šálku jablečné omáčky
- 12-14 nebo 7-8 švestek

INSTRUKCE:

a) Brambory uvaříme a necháme vychladnout.

b) Pokud používáte velké švestky, nakrájejte je na polovinu.

c) Pomocí rýžovače na brambory brambory zpracujte.

d) Bramborovou rýži, ovesnou mouku a jablečnou omáčku hněteme dohromady, dokud nevznikne pevné těsto. (Bude to trochu lepkavé.)

e) Těsto rozválejte na rovné ploše a nakrájejte na 12-14 stejně velkých kulatých kousků.

f) Na malá kolečka těsto rozválejte.

g) Každý kruh uzavřete umístěním poloviny švestky/švestky do středu. Je dobré mít mokré ruce, protože to pomůže snáze utěsnit koleno.

h) Ve velkém hrnci přiveďte vodu k varu.

i) Snižte teplotu na minimum a nechte vodu třpytit, než do hrnce přidáte 3-4 kleče.

j) Vařte asi 5 minut, jakmile dosáhnou hladiny vody.

POLÉVKY

46.Tarator (okurková polévka)

SLOŽENÍ:

- 1 okurka
- 1 šálek jogurtu
- Nějaký kopr
- Několik vlašských ořechů
- Sůl, rostlinný olej a voda

INSTRUKCE:

a)   Okurku (okurky) nastrouháme nebo nakrájíme najemno a dáme do velké mísy.

b)   Přidáme mleté vlašské ořechy a najemno nasekaný čerstvý kopr.

c)   Nalijte do jogurtu.

d)   Postupně přiléváme vodu – tloušťka podle chuti.

e)   Nakonec přidejte rostlinný olej.

47.Bramborová polévka

SLOŽENÍ:

- 1 pastinák
- Houby (1-2 šálky)
- 4-6 brambor, na kostky
- 6 stroužků česneku
- 6-8 šálků vody
- 1 lžíce koření celeru
- 1/4 šálku sušených hub, nakrájených
- Asi 1/2 šálku nakrájené slaniny
- 1/2 šálku mouky
- 1/2 šálku vody
- 1/4 šálku majoránky
- Sůl a pepř na dochucení
- 1 svazek pažitky, nasekané

INSTRUKCE:

a) Pastinák, houby a brambory nakrájíme na malé kousky.

b) Nastrouhejte 6 stroužků česneku a vložte je do hrnce s vodou, nakrájenou slaninou, kořením celeru a sušenými houbami.

c) Po 45 minutách přidejte jíšku ze slunečnicového oleje a mouky. Dochuťte majoránkou, solí a pepřem.

d) Polévku vaříme asi 1,5 hodiny.

48.Český guláš (Skvělý Hovězí Guláš)

SLOŽENÍ:

- 4 lžíce oleje na smažení
- 5 stroužků česneku
- 1 lžička mleté sladké papriky
- 3 kusy cibule
- 1 lžička majoránky
- 1 lžička mleté pálivé papriky
- 750 g hovězího masa
- 1 lžička mletého kmínu

INSTRUKCE:

a) Ve velkém hrnci rozehřejte olej na střední teplotu. Přidejte cibuli a česnek.

b) Přidejte hovězí maso a nechte ho zvenku zhnědnout.

c) Přidejte papriku a míchejte, dokud se maso nezakryje.

d) Přidejte mouku a rajčatový protlak, dokud se šťáva nevsákne, a poté přidejte vodu, aby bylo maso pokryto trochou navíc.

e) Mouku dobře promíchejte, abyste odstranili všechny hrudky Osolíme a opepříme.

f) Přiveďte k varu, poté přikryjte a vařte na mírném plameni asi dvě hodiny.

g) Omáčka bude postupně houstnout a maso bude měkké. Jakmile budete připraveni, podávejte.

49.Kyselá nakládaná polévka

SLOŽENÍ:

- 6 šálků zeleninového vývaru
- 1 ½ šálku nastrouhané mrkve
- ½ šálku celeru nakrájeného na kostičky
- 1 šálek oloupaných čerstvých brambor, nakrájených na kostičky
- 1 šálek česneku nebo koprové okurky, nastrouhané
- Mouka podle potřeby (asi ¼ šálku)

INSTRUKCE:

a) Ve velkém hrnci přiveďte vývar k rychlému varu, poté snižte teplotu na minimum a nechte vařit. Vařte 15 minut s mrkví, celerem a bramborami.

b) Vařte 30 minut, nebo dokud nejsou brambory uvařené, podle potřeby přidejte okurky. Pokud chcete polévku hustší, připravte si těsto ze stejných dílů mouky a vody.

c) Za stálého míchání pomalu přiléváme mléko, dokud polévka lehce nezhoustne.

50.Boršč

SLOŽENÍ:
- 2 svazky řepy se zelení (asi 8-9 střední řepy)
- ½ šálku nakrájené cibule
- Kilogramová konzerva dušená rajčata
- 3 polévkové lžíce čerstvé citronové šťávy
- ⅓ šálku granulovaného sladidla

INSTRUKCE:
a) Červenou řepu vydrhněte a očistěte, ale slupky nechte působit. Udržujte zelení v bezpečí. Ve velkém hrnci smíchejte řepu, cibuli a 3 litry vody.

b) Vařte jednu hodinu, nebo dokud řepa nezměkne. Vyjměte řepu z vody, ale NEVYHAZUJTE VODU. Vyhoďte cibuli.

c) Řepu po nakrájení najemno vraťte do vody. Zelení je třeba před přidáním do vody umýt a nakrájet. Smíchejte rajčata, citronovou šťávu a sladidlo v míse. Vařte 30 minut na středním plameni, nebo dokud zelenina nezměkne.

d) Před podáváním nechte alespoň 2 hodiny chladit.

51.Jahodová / borůvková polévka

SLOŽENÍ:

- 1 libra čerstvých jahod nebo borůvek, dobře očištěných
- 1 ¼ šálku vody
- 3 polévkové lžíce granulovaného sladidla
- 1 polévková lžíce čerstvé citronové šťávy
- ½ šálku sójové nebo rýžové smetany do kávy
- Volitelné: 2 šálky uvařených, vychladlých nudlí

INSTRUKCE:

a) Ve středním hrnci smíchejte ovoce s vodou a zahřejte k rychlému varu.

b) Snižte teplotu na minimum, přikryjte a vařte 20 minut, nebo dokud ovoce nezměkne.

c) Rozmixujte v mixéru do hladka. Protlak vraťte do hrnce a vmíchejte cukr, citronovou šťávu a smetanu. Po promíchání nechte 5 minut vařit.

d) Před podáváním polévku chlaďte alespoň 2 hodiny.

e) Tato polévka se tradičně podává samotná nebo se studeným nudlemi.

52.Zelňačka

SLOŽENÍ:

- 2 polévkové lžíce margarínu
- 2 šálky nakrájeného zeleného zelí
- ½ lžičky černého pepře
- 3 šálky vody
- 2 šálky oloupaných a na kostičky nakrájených brambor
- ½ šálku nakrájených čerstvých rajčat

INSTRUKCE:

a) V hrnci na polévku rozpustíme margarín.

b) Přidejte zelí a pepř a vařte asi 7 minut, nebo dokud zelí nezhnědne.

c) Vhoďte brambory, rajčata a vodu; zakryjte a vařte 20 minut, nebo dokud nejsou brambory uvařené.

53.Zeleninová polévka

SLOŽENÍ:

- polévková zelenina (2 mrkve, ½ celeru, 1 pórek, čerstvá petržel)
- 1 šálek (100 g) růžičky květáku
- ½ šálku (50 g) vařené kukuřice
- sůl a pepř
- volitelné: kostka bujónu, cibule

INSTRUKCE:

a) Ve velkém hrnci přiveďte k varu 2 litry (2 l) vody.

b) Nakrájejte mrkev, celer a pórek na 1/4-palcové (6 mm) plátky. Snižte teplotu na minimum a do vroucí vody přidejte nakrájenou zeleninu , růžičky květáku a kukuřici.

c) Dochuťte solí a pepřem podle chuti a vařte asi 40 minut na středním plameni.

d) Ozdobte růžičky petrželky nakrájené na kostičky.

54.Rajská polévka

SLOŽENÍ:

- 2 qt (2 l) vývaru
- 2 lžíce kokosové smetany
- 1 lžíce mouky
- 5 uncí (150 ml) rajčatového protlaku
- sůl a pepř
- Kopr

INSTRUKCE:

a) Vývar z polévkové zeleniny (2 mrkve, 12 cibule, 12 kořenového celeru, 1 pórek, četná petrželová nať) přecedíme a tekutinu zachováme.

b) Kokosovou smetanu smíchejte s moukou a přidejte ji do vývaru spolu s rajčatovou pastou.

c) Na prudkém ohni přivedeme k varu, dochutíme solí, pepřem a ozdobíme koprem.

d) Aby byla polévka více sytá, můžete přidat rýži nebo nudle.

55.Nakládaná polévka

SLOŽENÍ:

- 3 brambory
- 1 kostka bujonu
- 1 lžíce kokosového másla
- 2 velké okurky, nakrájené na jemné kostičky
- 1 šálek (250 ml) nakládané šťávy
- 2 lžíce kokosové smetany
- 1 lžíce mouky
- sůl
- Kopr

INSTRUKCE:

a) Brambory oloupejte a nakrájejte na půlpalcové (1,3 cm) kostky, poté je uvařte s kostkou bujonu a kokosovým máslem ve 2 litrech vody.

b) Asi po 20 minutách, kdy brambory začnou měknout, přidejte nadrobno nakrájené kyselé okurky a šťávu z kyselých okurků.

c) V samostatné misce smíchejte kokosovou smetanu a mouku, poté postupně přidávejte 3 lžíce vývaru, který se vaří na ohni. Poté směs vraťte do polévky a přiveďte zpět k varu.

d) Podle chuti přidejte sůl a na kostičky nakrájený kopr (ale nejprve polévku ochutnejte, abyste se ujistili, že šťáva z nálevu není příliš silná).

e) Místo brambor lze použít rýži. Když je polévka hotová, přeskočte krok 1 a přidejte 3 šálky vařené rýže.

56.Kyselá žitná polévka

SLOŽENÍ:

- 2 qt (2 l) vývaru
- 2 hrnky zakysané žitné mouky
- 2 lžíce mouky
- Sůl
- 2 stroužky česneku
- volitelné: houby

INSTRUKCE:

a) Polévkovou zeleninu (2 mrkve, 12 cibulek, 1 celer, 1 pórek, četná petrželová nať) uvaříme ve 2 litrech (2 l) vody na vývar. V případě potřeby můžete přidat i nakrájené houby.

b) Polévku přelijte přes cedník, tekutinu vynechejte, a když je zelenina měkká, přidejte do vývaru směs urek a mouku (přibližně 40 minut).

c) Podle chuti můžete dochutit solí.

d) Do vývaru přidejte česnek nastrouhaný najemno nebo nakrájený na kostičky.

57.Polévka z chlazené řepy

SLOŽENÍ:

- 1 svazek řepy
- 1 okurka
- 3–5 ředkviček
- kopr
- pažitka
- 1 qt (1 l) obyčejného rostlinného jogurtu
- sůl a pepř
- cukr
- volitelné: citronová šťáva

INSTRUKCE:

a) Řepu vyjmeme ze svazku, najemno nakrájíme jen stonky a listy řepy a dusíme asi 40 minut v malém množství vody do měkka. Před podáváním nechte vychladnout.

b) Okurka, ředkvičky, kopr a pažitka by měly být nakrájené nadrobno. Smíchejte tyto ingredience, stejně jako řepnou směs, v rostlinném jogurtu a důkladně promíchejte.

c) Podle chuti dochuťte solí, pepřem, cukrem a případně citronovou šťávou. Chcete-li polévku jemnější, rozmixujte nebo rozmixujte na kaši.

d) Podávejte vychlazené s koprem nakrájeným navrch.

e) Tato polévka se tradičně připravuje pouze ze stonků a listů rostliny červené řepy. Můžete však použít pouze červenou řepu. 1 libra vařené řepy, jemně nastrouhaná a spojená se zbývajícími přísadami

58.Ovocná polévka

SLOŽENÍ:

- 1 lžíce bramborové mouky
- 1 šálek (250 ml) vývaru, chlazený
- 3 jablka
- 8 uncí (250 g) švestek nebo třešní
- ⅓–½ šálku (75–115 g) cukru

INSTRUKCE:

a) Pro vytvoření kaše smíchejte polovinu studeného vývaru s moukou.

b) Jablka, švestky nebo třešně po oloupání uvařte ve 112 litrech (112 l) vody. Když je ovoce měkké, nastrouhejte ho na jemném struhadle nebo rozmixujte s vodou v mixéru a dochuťte cukrem podle chuti.

c) Smíchejte mouku a vývar v míse.

d) Míchejte ve směsi vývaru, dokud se vše řádně nepromíchá.

e) K přípravě této polévky lze použít i jiné ovoce. Do některých klasických českých ovocných polévek se používají švestky, rebarbora, lesní jahody, maliny, ostružiny a třešně. Pro jemnější chuť lze použít rostlinné mléko nebo kokosovou smetanu spolu s cukrem.

f) V horkých letních měsících je tato polévka spolu s chodníkem ideální.

59.Bramborová polévka

SLOŽENÍ:

- 1½ qt (1½ l) zeleninového vývaru
- 2 cibule
- 2 pórky
- 5 stroužků česneku
- 3 lžíce olivového oleje
- 4 brambory
- bylinky: bobkový list, tymián, pažitka
- sůl a pepř

INSTRUKCE:

a) Cibuli a pórek nakrájejte najemno, poté je nakrájejte na čtvrtpalcová (6 mm) kolečka a orestujte je na olivovém oleji s nakrájenými stroužky česneku.

b) Po očištění, oloupání a očištění brambory nakrájejte na kostky.

c) Když jsou cibule a pórek středně hnědé, přidejte brambory, bylinky, sůl a pepř. Chvíli míchejte, poté podlijte vývarem a vařte asi 30 minut na mírném ohni, dokud brambory nezměknou.

d) Po vychladnutí polévku rozmixujte na kaši v mixéru do hladka. Dochuťte solí a pepřem podle chuti.

60.Citronová polévka

SLOŽENÍ:

- 2 qt (2 l) vývaru nebo vývaru
- ½–1 šálek (95–190 g) bílé rýže
- 2 citrony
- sůl a pepř
- volitelně: ½ šálku kokosové smetany

INSTRUKCE:

a)   Uvařte vývar se 2 litry vody a polévkovou zeleninou nebo vývarem (2 mrkve, 12 cibulek, 1 celer, 1 pórek, hodně stonků petržele).

b)   Vařte rýži pouze ve vývaru nebo vývaru, dokud není kašovitá, asi 25 minut.

c)   1 citron oloupejte, nakrájejte nadrobno a s trochou soli vhoďte do vroucí rýže.

d)   Pokračujte v míchání polévky a přidejte zbývající citronovou šťávu.

e)   Vařte několik minut na mírném ohni, dochuťte solí a pepřem podle chuti.

61.Česká kedlubnová polévka

SLOŽENÍ:

- 1 kedlubna oloupaná, nakrájená na kostičky, použijte i listy (viz návod)
- 1 střední cibule nakrájená nadrobno
- 1 střední mrkev oloupaná, nakrájená na kostičky
- 2 střední brambory oloupané, nakrájené na kostičky
- 2 lžíce petrželky a kopru každý, jemně nasekaný
- 1 l teplého zeleninového vývaru (něco přes 4 šálky)
- 1 lžíce oleje a másla každý
- Mořská sůl a pepř podle chuti
- 1 polévková lžíce kukuřičného škrobu plus 2 polévkové lžíce horké vody pro zahuštění polévky (volitelné, viz pokyny).

INSTRUKCE:

a) Listy kedlubny oloupejte a nahrubo nakrájejte, stonky vyhoďte. Kedlubny, mrkev a brambory nakrájíme na kostičky.

b) Ve velkém hrnci rozehřejte 1 lžíci oleje, přidejte cibuli a vařte 3 minuty nebo do změknutí. Vařte několik minut za častého míchání se zbytkem zeleniny a petrželkou.

c) Přidejte zeleninový vývar, opepřete, promíchejte, zakryjte a přiveďte k varu, poté snižte na nízkou teplotu a vařte za občasného míchání asi 30 minut nebo dokud zelenina nezměkne .

d) Přidejte nasekaný kopr a vařte další 3 minuty. V tuto chvíli můžete polévku zahustit (i když nemusíte). K tomu smíchejte 2 lžíce horké vody s kukuřičným škrobem, poté vmíchejte do polévky a vařte 3 minuty.

e) Sundejte z plotny, okořeňte podle chuti a před podáváním přidejte lžíci másla.

62.Chřestová polévka

SLOŽENÍ:

- 1 lb (450 g) bílého chřestu
- polévková zelenina (2 mrkve, 1 pórek, ½ celeru, čerstvá petržel)
- 2 lžíce kokosového másla
- ¼ šálku (30 g) mouky
- sůl a cukr
- ½ šálku (125 ml) kokosové smetany

INSTRUKCE:

a) Slupky chřestu oloupeme a chřest očistíme. Stonky chřestu a přísady do polévky uvařte v hrnci se 2 litry vody do měkka. Tekutinu vývaru je třeba šetřit.

b) Hlavičky chřestu zvlášť uvařte v malém množství vody.

c) Stonky chřestu prolisujte a nastrouhejte najemno.

d) Prolisovaný chřest smícháme s polévkovým vývarem.

e) V pánvi rozpustíme kokosové máslo a vmícháme mouku, aby na mírném ohni vznikla jíška. Během vaření přidejte do polévky uvařené hlavičky chřestu, sůl a pepř.

f) Podávejte s krutony a na závěr kopečkem kokosové smetany.

SALÁTY A PŘÍLOHY

63.Bramborový salát (bramborový salát)

SLOŽENÍ:

- 4 velké brambory, vařené a nakrájené na kostičky
- 1/2 šálku majonézy
- 1 lžíce hořčice
- 1 cibule, nakrájená nadrobno
- 2 okurky, nakrájené najemno
- Sůl a pepř na dochucení
- Nakrájený čerstvý kopr na ozdobu

INSTRUKCE:

a) V misce smícháme majonézu a hořčici.

b) Přidejte na kostičky nakrájené brambory, nakrájenou cibuli a okurky. Dobře promíchejte.

c) Dochuťte solí a pepřem podle chuti.

d) Před podáváním ozdobte nasekaným čerstvým koprem.

64.Rajčatový salát s mozzarellou

SLOŽENÍ:

- 4 velká rajčata, nakrájená na plátky
- 1 kulička čerstvé mozzarelly, nakrájená na plátky
- Listy čerstvé bazalky
- Extra panenský olivový olej
- Balzámový ocet
- Sůl a pepř na dochucení

INSTRUKCE:

a) Na servírovací talíř naaranžujte plátky rajčat a mozzarelly.
b) Mezi plátky vložte lístky čerstvé bazalky.
c) Zakápněte olivovým olejem a balzamikovým octem.
d) Dochuťte solí a pepřem. Ihned podávejte.

65.Okurkový salát (okurkový salát)

SLOŽENÍ:

- 4 okurky, nakrájené na tenké plátky
- 1 červená cibule, nakrájená na tenké plátky
- 1/2 šálku zakysané smetany
- 1 lžíce bílého octa
- 1 lžička cukru
- Sůl a pepř na dochucení
- Nakrájený čerstvý kopr na ozdobu

INSTRUKCE:

a) V misce smíchejte zakysanou smetanu, bílý ocet a cukr.
b) Přidejte nakrájené okurky a cibuli. Přehodit do kabátu.
c) Dochuťte solí a pepřem podle chuti.
d) Před podáváním ozdobte nasekaným čerstvým koprem.

66.Houbový salát (houbový salát)

SLOŽENÍ:

- 2 šálky hub, nakrájené na plátky
- 1 cibule, nakrájená nadrobno
- 2 lžíce rostlinného oleje
- 1 lžíce bílého vinného octa
- 1 lžička dijonské hořčice
- Sůl a pepř na dochucení
- Čerstvá petrželka na ozdobu

INSTRUKCE:

a) Nakrájené houby a nakrájenou cibuli orestujte na rostlinném oleji do měkka.

b) V misce prošlehejte bílý vinný ocet, dijonskou hořčici, sůl a pepř.

c) Zálivkou přelijte houby a cibuli. Kombinujte přehazováním.

d) Před podáváním ozdobte čerstvou petrželkou.

67.Knedlíky (české houskové knedlíky)

SLOŽENÍ:
- 4 šálky starého chleba, nakrájeného na kostky
- 1 šálek mléka
- 2 vejce
- 1/4 šálku univerzální mouky
- 1 lžička prášku do pečiva
- Sůl

INSTRUKCE:
a) Namočte kostky chleba do mléka, dokud nezměknou.
b) V míse smícháme namočený chléb, vejce, mouku, prášek do pečiva a špetku soli.
c) Směs vytvarujte do válcových tvarů a vařte v páře asi 20-30 minut.
d) Nakrájejte a podávejte jako přílohu s omáčkou nebo omáčkami.

68.Zelí (české kysané zelí)

SLOŽENÍ:

- 1 libra kysaného zelí
- 1 cibule, nakrájená nadrobno
- 2 lžíce rostlinného oleje
- 1 lžička kmínu
- 1 jablko, oloupané a nastrouhané
- 1 lžíce cukru
- Sůl a pepř na dochucení

INSTRUKCE:

a) Kysané zelí propláchneme pod studenou vodou a scedíme.

b) Na pánvi orestujte nakrájenou cibuli na rostlinném oleji, dokud nebude průhledná.

c) Přidejte kysané zelí, kmín, nastrouhané jablko, cukr, sůl a pepř.

d) Vařte na mírném ohni za občasného míchání, dokud se chutě nespojí.

69.Kapr s bramborovým salátem

SLOŽENÍ:

- 4 filety z kapra
- 1 hrnek mouky
- 2 vejce, rozšlehaná
- 1 hrnek strouhanky
- Olej na smažení
- Bramborový salát (viz recept Bramborový salát)

INSTRUKCE:

a) Chleba filety z kapra obalíme v mouce, namáčíme v rozšlehaných vejcích a obalíme ve strouhance.

b) Smažíme z obou stran dozlatova.

c) Smaženého kapra podáváme s bramborovým salátem.

70.Špenátová Kase (Špenátový krém)

SLOŽENÍ:

- 1 libra čerstvého špenátu, umytého a nakrájeného
- 2 lžíce másla
- 2 lžíce univerzální mouky
- 1 šálek mléka
- Sůl a muškátový oříšek podle chuti

INSTRUKCE:

a) Na pánvi na másle osmahneme nakrájený špenát.

b) Špenát přisypte moukou a zamíchejte, aby vznikla jíška.

c) Postupně za stálého míchání přilévejte mléko, aby nevznikly hrudky.

d) Dusíme, dokud směs nezhoustne. Dochuťte solí a muškátovým oříškem.

71.Salát z řepy (ćwikła)

SLOŽENÍ:

- 4 řepy
- 2 lžíce křenu
- 1 lžička cukru
- ⅓ šálku (80 ml) vinného octa
- petržel
- sůl a pepř

INSTRUKCE:

a) Řepu očistíme a vaříme ve vodě asi 30 minut, nebo dokud není měkká. Když vychladnou, vyjměte je a oloupejte.

b) Řepu nastrouhejte pomocí středních strouhacích otvorů.

c) Udělejte omáčku z křenu, cukru, octa, petrželky, soli a pepře a poté promíchejte s řepou vidličkou.

d) Chcete-li vychladit, dejte asi na 2 hodiny do lednice.

e) Místo křenu lze použít cibuli.

f) Na 1 lžíci olivového oleje zlehka orestujte 1 na kostičky nakrájenou cibuli. Smíchejte olivový olej a koření, poté přidejte omáčku a cibuli k řepě a promíchejte, aby se spojily.

72.B zvýšené červené zelí s malinami

SLOŽENÍ:

- 6 šálků na tenké plátky nakrájeného červeného zelí
- 8 oz / 225 g čerstvých nebo mražených malin
- 4 lžíce kokosového másla
- 3 lžíce univerzální mouky
- 6 plodů jalovce
- 1/4 lžičky mletého nového koření
- 6-8 kuliček pepře vcelku
- 2 bobkové listy
- 2 lžíce octa
- 1 1/2 šálku vody + další 1/2 v případě potřeby
- 1/2 šálku suchého červeného vína
- Sůl a cukr podle chuti

INSTRUKCE:

a) Zelí nakrájejte na tenké plátky (pro rovnoměrné a tenké plátky použijte kuchyňský robot).

b) Ve velkém hrnci rozpusťte kokosové máslo. Zatímco se kokosové máslo rozpustí, přidejte bobule jalovce, koření, kuličky pepře a bobkové listy. Když se úplně rozpustí, přidejte mouku a promíchejte do hladka.

c) Přidejte zelí, maliny, ocet, červené víno, 1 1/2 šálku vody a 1 lžičku soli. Důkladně promíchejte, přikryjte a vařte asi 10 minut na středním stupni.

d) Po zamíchání ochutnejte. Pokud omáčka není dostatečně sladká, přidejte 1 lžičku cukru a podle potřeby dosolte.

e) Vařte dalších 10-20 minut, nebo dokud se chutě nespojí.

73.Salát z celeru a pomeranče

SLOŽENÍ:

- 1 velký celer
- 1 pomeranč nebo 2 mandarinky
- ⅓ šálku (25 g) jemně nasekaných vlašských ořechů
- ½ šálku (125 ml) kokosové smetany
- sůl
- volitelné: ⅓ šálku (25 g) rozinek

INSTRUKCE:

a) Pomocí středních štěrbin nastrouhejte celer.

b) Oloupejte pomeranče nebo mandarinky a nakrájejte je na čtvrtpalcové (6 mm) kousky.

c) Celer, pomeranče a vlašské ořechy rozmixujte vidličkou a poté přidejte kokosovou smetanu.

d) Podle chuti přidejte špetku soli. Pokud chcete, můžete přidat rozinky.

74.Zeleninový salát

SLOŽENÍ:

- 5 vařených mrkví
- 2 uvařené kořeny petržele
- 5 vařených brambor (volitelně)
- 1 malý vařený celer (asi 15 dag)
- 5 nakládaných okurek
- 2 jablka
- 1 malá plechovka kukuřice (volitelně)
- 1 plechovka zeleného hrášku
- 1 lžíce hořčice
- sůl, pepř, petržel, kopr

INSTRUKCE:

a) Opláchněte a vařte zeleninu, aniž byste ji loupali (každý jednotlivě); vychladit a oloupat.

b) Z jablek odstraňte jádřince a oloupejte je.

c) Zeleninu, okurky a jablka nakrájejte ostrým nožem na malé čtverečky. Zelená cibule by měla být nakrájena a hrášek by měl být pasírován. Dochuťte solí a pepřem.

d) Salát posypeme petrželkou a koprem. Nechte jednu hodinu na přípravu.

e) Obloha

75.Sladkokyselé červené zelí

SLOŽENÍ:
- 3 hrnky nakrájeného červeného zelí
- ½ šálku oloupaného a nakrájeného kyselého jablka, jako je Granny Smith
- 2 šálky vařící vody
- 1 polévková lžíce koncentrátu jablečné šťávy
- ½ lžičky mletého nového koření
- 4 polévkové lžíce octa

INSTRUKCE:
a) Ve velkém hrnci smíchejte všechny ingredience.
b) Rychle přiveďte k varu, poté snižte teplotu na minimum a vařte, dokud zelí nezměkne, asi 20 minut.

DEZERTY

76.Jablečný Závin (jablečný závin)

SLOŽENÍ:

- 4 velká jablka, oloupaná a nakrájená na plátky
- 1 hrnek cukru
- 1 lžička skořice
- 1/2 šálku rozinek
- Listy na pečivo Filo
- Máslo (rozpuštěné)
- Strouhanka

INSTRUKCE:

a) V misce smíchejte jablka, cukr, skořici a rozinky.
b) Plátky filo položte na čistý povrch, potřete rozpuštěným máslem.
c) Na plechy posypte strouhankou a poté přidejte jablečnou směs.
d) Listy srolujte, okraje zastrčte.
e) Vršek potřeme ještě rozpuštěným máslem a pečeme do zlatova.

77.Dýňový kvasnicový dort

SLOŽENÍ:

- 1 šálek dýňové pěny
- 2½ hrnku hladké špaldové mouky nebo pšeničné mouky
- ½ šálku jakéhokoli rostlinného rostlinného mléka
- 7 gramů sušeného droždí
- ½ šálku třtinového cukru nebo jiného nerafinovaného cukru
- šťáva a kůra z 1 citronu
- 1 lžíce tekutého kokosového oleje
- 1 šálek sušených brusinek

INSTRUKCE:

a)   V míse smíchejte mouku, droždí, cukr a brusinky.

b)   V malém hrnci pomalu zahřívejte dýňovou pěnu, rostlinné mléko, citronovou šťávu a kůru a kokosový olej. Mokré suroviny vmícháme do těsta. Dokončení by mělo trvat asi 8 minut.

c)   Bundtovu dortovou formu vysypte tenkou vrstvou mouky a vymažte ji tukem. Těsto vložíme do formy, přikryjeme a necháme 1 hodinu kynout na teplém místě.

d)   Předehřejte troubu na 180 °C/350 °F a pečte 35 minut (dokud dřevěná špejle nevyjde čistá).

78.Oplatky

SLOŽENÍ:

- 5 velkých obdélníkových oplatek
- ½ kila džemu z černého rybízu
- 3 šálky vařené cizrny (víceméně 1 šálek suché)
- 1 plechovka kokosového rostlinného mléka
- 1 lžička vanilkového extraktu
- 2 lžíce třtinového cukru
- 2 lžíce kakaa
- 200 gramů hořké čokolády (70 % kakaové sušiny)

INSTRUKCE:

a)   Otevřete plechovku mléka na bázi kokosových rostlin a odstraňte bílou pevnou část. V hrnci přiveďte k varu. Sundejte z ohně a vmíchejte čokoládu, kakao, vanilkový extrakt a cukr.

b)   Míchejte, dokud se všechny ingredience nerozpustí. Cizrnu úplně rozmixujte.

c)   Položte plát oplatky na kus dřeva. Zalijeme polovinou smetany a druhou oplatkou.

d)   Potřete na něj polovinu džemu. Opakujte se zbývajícími pláty krému, džemu a oplatek. Jemně stiskněte tlačítko.

e)   Odložte na 4–5 hodin do lednice.

f)   Nakrájejte na malé kousky.

79.Sváteční jablečný koláč

SLOŽENÍ:

- 3 hrnky hladké špaldové mouky nebo hladké pšeničné mouky
- 2 ploché lžíce škrobu
- 2 ploché polévkové lžíce nerafinovaného moučkového cukru
- 50 gramů tekutého kokosového oleje
- 15 lžic studené vody
- 2 kila jablek na vaření
- 1 lžička skořice
- 1 lžička mletého kardamomu
- 1 šálek rozinek
- 1 šálek vlašských ořechů
- 1 hrnek strouhanky

INSTRUKCE:

a) Opatrně smíchejte mouku, škrob, moučkový cukr a kokosový olej. Přidávejte jednu polévkovou lžíci vody a po každém přidání těsto promíchejte nebo prohněťte. Po smíchání všech ingrediencí těsto hněteme, dokud není pružné a hladké.

b) Těsto rozdělíme na dvě stejné poloviny. Jeden z nich vyválejte na plech s pečicím papírem o rozměrech 20 x 30 cm/8 x 12 palců. Těsto několikrát propícháme vidličkou, dáme na zapékací misku a necháme 30 minut chladit. Zbývající část těsta dejte na 45 minut do mrazáku.

c) Plech vyjmeme z lednice a pečeme při 190 °C 15 minut. Dovolte si relaxovat. Mezitím si připravte jablka.

d) Jablka oloupeme a zbavíme jádřinců. Pomocí struhadla nebo kráječe na mandolínu nastrouháme sýr. V míse smíchejte skořici, rozinky a nahrubo nasekané vlašské ořechy. Pokud jsou jablka příliš kyselá, můžete přidat med.

e) Na napůl upečený základ rovnoměrně nasypeme strouhanku. Jablka by měla být následně rozetřena na listové těsto.

f) Na jablka položte zmrzlé těsto a nastrouhejte. Předehřejte troubu na 180 °C/350 °F a pečte 1 hodinu.

80.Bramborové perníkové sušenky

SLOŽENÍ:

- ½ kila oloupaných brambor
- 5 lžic tekutého kokosového oleje
- ½ šálku datlového sirupu nebo jiného sirupu
- 2 lžičky jedlé sody
- 2½ hrnku hladké špaldové mouky nebo hladké pšeničné mouky
- ½ šálku škrobu
- 4 lžíce perníkového koření
- 1 lžíce kakaa

INSTRUKCE:

a) Brambory vařte, dokud nejsou měkké, poté vychladněte a zrýžujte je v rýžovači na brambory. V misce smíchejte datlový sirup a kokosový olej.

b) V samostatné nádobě smíchejte mouku, škrob, jedlou sodu a perníkové koření. Po přidání tekutin uhněteme těsto.

c) Pekáč nebo podložku poprášíme moukou a těsto rozválíme na tloušťku asi 5 mm.

d) Pomocí vykrajovátek na sušenky vykrajujte různé tvary. Předehřejte troubu na 170 °C/325 °F a pečte 10 minut. Nechte vychladnout a ozdobte dle libosti.

81.Švestkový guláš

SLOŽENÍ:

- 2 lb (900 g) čerstvých švestek
- volitelně: ¾ šálku (170 g) cukru

INSTRUKCE:

a) Švestky opláchněte a odstraňte pecky.

b) Švestky přiveďte k varu v malém množství vody (jen tolik, aby byly zakryté) a občas promíchejte.

c) Po dvou hodinách můžete přidat cukr pro sladší chuť.

d) Když guláš zhoustne a většina vody se odpaří, nalijte do sklenic a uložte na chladné místo.

e) Ke konci doby vaření přidejte muškátový oříšek, citronovou šťávu nebo skořici pro větší chuť.

82.Marmeláda

SLOŽENÍ:

● 2 lb (900 g) čerstvého ovoce, jako jsou jablka, hrušky, meruňky, třešně a/nebo jahody

● 1¾ šálku (395 g) cukru

INSTRUKCE:

a) V závislosti na ovoci nebo ovoci, které používáte, je očistěte, oloupejte a vypeckujte.

b) Za občasného míchání přiveďte k varu v malém množství vody (stačí na zakrytí).

c) Když je ovoce měkké, rozmixujte v mixéru nebo nastrouhejte na nejmenších otvorech.

d) Za stálého míchání vaříme na mírném ohni, dokud hmota nezhoustne.

e) Nalijte do skleněných nádob a uchovávejte v chladu.

83.český Kisiel

SLOŽENÍ:

- 1 kg ovoce (jablka, švestky, třešně atd.)
- 2 šálky vody
- 2 lžíce cukru
- 2 lžíce bramborového škrobu

INSTRUKCE:

a) Pokud již máte kompot připravený, přejděte ke kroku 5.
b) Ovoce omyjte a vložte do hrnce. Například jablka a hrušky by se měly nakrájet na menší kousky.
c) Začněte nalévat vodu.
d) Vařte asi půl hodiny na středním plameni. Přihoďte nějakou sladkost.
e) Vyjměte ovoce z kompotu nebo je nechte uvnitř.
f) Ochlaďte půl šálku kompotu nebo počkejte, až vychladne.
g) V hrnci je ovocný kompot.
h) Smíchejte bramborový škrob a STUDENÝ kompot v míse.
i) Smíchejte kompot a bramborový škrob v šálku.
j) Směs nalijte do zbývajícího horkého kompotu, který se ještě vaří.
k) V hrnku nalijte škrobovou směs do kompotového hrnce.

84.Český vanilkový pudinkový pudink

SLOŽENÍ:

- ½ lusku z vanilkového lusku, plechovka s ½ lžičky vanilkového extraktu
- 2 šálky + 2 lžíce rostlinného mléka
- 5-7 lžic cukru
- 3 lžíce bramborové mouky, může být s kukuřičnou moukou nebo kukuřičným škrobem
- 3-4 lžičky malinového sirupu, k podávání, volitelné

INSTRUKCE:

a) Půlku vanilkového lusku podélně rozřízněte a nožem vyškrábněte fazole. Odstraňte z rovnice.

b) Přiveďte 1,5 šálku (350 ml) rostlinného mléka, vanilkové lusky a cukr k varu.

c) Smíchejte bramborovou mouku se zbylým chladným rostlinným mlékem. Rychle promíchejte metličkou, aby se ve vroucím rostlinném mléce netvořily hrudky.

d) Přiveďte k varu a poté za stálého míchání vařte asi 1 minutu, nebo dokud pudink nezhoustne.

e) Po odstavení z ohně nalijte do jednotlivých dezertních sklenic nebo misek.

f) Pokapeme pár kapkami malinového sirupu a ihned podáváme.

85.Czech Cream Fudge

SLOŽENÍ:

- 1/2 šálku cukru
- 2–14 uncové plechovky kondenzovaného rostlinného mléka
- 1/3 šálku kokosového másla

INSTRUKCE:

a) Smíchejte cukr a kondenzované rostlinné mléko ve středním hrnci. Jakmile se začne vařit, snižte teplotu na minimum a pokračujte v jemném a nepřetržitém míchání. Při míchání je třeba postupovat velmi opatrně.

b) Po 15–20 minutách varu přiveďte směs na teplotu 225–235 °F. Sundejte pánev z plotny a přidejte kokosové máslo za stálého šlehání po dobu 3 minut.

c) Těsto nalijte do připravené pánve a úplně vychladněte, než dáte chladit alespoň na 30 minut.

d) Vyjmeme z pánve a nakrájíme na kousky. Omotejte kolem každého voskovaný papír. Zabalené porce by měly být skladovány v zakryté nádobě, aby se zabránilo vysychání.

86.čeština Mandle v C hocolate P lums

SLOŽENÍ:

- 24 sušené švestky, vypeckované (sušené švestky)
- 24 celé mandle, pražené
- 8 unce polosladkých čokoládových lupínků
- drcené ořechy, na zdobení

INSTRUKCE:

a) Předehřejte troubu na 350 °F a vyložte plech alobalem nebo voskovaným papírem.

b) Čokoládu dejte do mikrovlnné trouby, dokud se úplně nerozpustí.

c) Pokračujte v míchání, dokud nebude čokoláda hladká, poté ji dejte stranou, aby trochu vychladla, zatímco budete připravovat sušené švestky.

d) Umístěte mandle do středu každé švestky, jednu na každou švestku.

e) Ponořte každou sušenou švestku do čokolády a úplně ji utopte.

f) Položte cukroví na připravený plech a dokud je čokoláda ještě mokrá, posypte povrch drcenými ořechy, pokud chcete.

g) Po umístění všech sušených švestek na plech nechte před podáváním 30 minut chladit, aby čokoláda ztuhla.

h) Uchovávejte v chladničce po dobu až jednoho týdne ve vzduchotěsné nádobě.

NÁPOJE

87.Český sváteční punč

SLOŽENÍ:

- 1½ oz. susz (vodka naplněná sušeným ovocem)
- ¾ unce čerstvou citronovou šťávu
- ¾ unce zázvorovo-kardamomový javorový sirup
- Kandovaný zázvor

INSTRUKCE:

a) V šejkru naplněném ledem smíchejte všechny ingredience a důkladně protřepejte. Sceďte do sklenice s velkou kostkou nahoře. Obloha.

b) Susz: Smíchejte nakrájených 14 šálků sušených jablek, sušených hrušek, sušených meruněk a sušených švestek se 750ml lahví vodky ve velké nádobě nebo jiné vzduchotěsné nádobě.

c) Před přecezením a uskladněním nechte směs vyluhovat 24 hodin.

d) Zázvorový kardamom V mixéru smíchejte 14 uncí javorového sirupu (podle hmotnosti), 312 lžic oloupaného, nakrájeného zázvoru, 10 lusků kardamomu a 12 šálků teplé vody. Mixujte 1 až 2 minuty, poté sceďte do sklenice s jemným sítkem.

e) V lednici vydrží 2 až 3 týdny.

88.Višňový likér

SLOŽENÍ:

- 2,5 kg višní
- 2 kg moučkového cukru
- 1l vodky
- 1l rektifikovaného lihu

INSTRUKCE:

a) V demižonu nebo velké skleněné nádobě smíchejte třešně a konzervované pecky, přidejte cukr a zakryjte čistým kouskem mušelínu. Odložte na několik dní na teplé místo.

b) Šťávu přecedíme přes sítko vyložené mušelínem. Vyjměte ovoce z demižonu a dejte je stranou.

c) Do hrnce slijeme šťávu a přivedeme k varu. Nechte čas na vychladnutí.

d) Odstraňte a vyhoďte pecky z třešní. Nalijte vodku. Zakryjte a uložte na 2 týdny na tmavé místo.

e) V láhvi smíchejte vychladlou šťávu a rektifikovanou lihovinu. Odstraňte z rovnice.

f) Po 2 týdnech třešně přeceďte a spojte vodku s rektifikovanou lihovinou. Naplňte čisté lahve vínem, zazátkujte a odložte alespoň na 3 měsíce.

89.Svařená vodka

SLOŽENÍ:

- 350 g javorového sirupu
- 120 ml vody
- 2 vanilkové lusky, podélně rozpůlené
- 2 tenké plátky zázvoru
- 1 lžička mleté skořice
- 1/2 lžičky mletého hřebíčku
- 1 lžička citronové kůry
- 1 lžička pomerančové kůry
- 1/4 lžičky mletého muškátového oříšku
- 750 ml vodky

INSTRUKCE:

a) V hrnci smíchejte javorový sirup, vodu, vanilku, koření a citrusovou kůru. Přiveďte k varu a poté na 5 minut snižte teplotu.

b) Přidejte vodku a postupně společně zahřívejte, ale nevařte. Ihned podávejte v malých skleničkách.

c) Pokud chcete, směs předem přecedťe přes jemný cedník.

90.Fialový švestkový likér

SLOŽENÍ:

- 1 kg zralých fialových švestek, vypeckovaných
- 1/2 litru čistého rektifikovaného alkoholu
- 1/2 litru vodky
- 300 g moučkového cukru

INSTRUKCE:

a) Vložte švestky do demižonu z varného skla. Naplňte demiženku do poloviny rektifikovanou lihovinou a vodkou, zazátkujte ji a uložte na 5 týdnů na tmavé místo.

b) Po 5 týdnech přidejte cukr a nechte působit další 4 týdny.

c) Likér přeceďte přes sítko vyložené mušelínovou látkou; nalijte do lahví, zazátkujte a skladujte alespoň 3 měsíce na tmavém místě.

SLOŽENÍ:

- 2L vody
- 100 g plodů jalovce
- 200-250 g javorového sirupu
- 1 lžíce chmele
- 2 g pivních nebo vinných kvasnic

INSTRUKCE:

a) V půllitrové skleněné nádobě rozdrťte bobule jalovce v hmoždíři a spojte s vodou.

b) Pomocí jemného sítka směs přecedíme. Odstraňte pevné částice a vyhoďte je.

c) Scezenou směs přiveďte k varu, poté ji stáhněte z plotny a přidejte javorový sirup. Naplňte čistou půlgalonovou nádobu do poloviny tekutinou.

d) V malém hrnci přiveďte k varu 1/2 šálku vody. Po přidání chmele vařte 10 minut. Tekutinu sceďte a nalijte do sklenice.

e) Vmíchejte droždí a jakmile se tekutina ochladí na pokojovou teplotu, zakryjte sklenici kávovým filtrem nebo vzduchovým uzávěrem.

92.Rebarborová limonáda

SLOŽENÍ:

- 4 šálky vody
- 1/2 šálku javorového sirupu
- 1 libra rebarbory (v případě potřeby oloupaná, nakrájená)
- 3 šálky horké vody
- Ledové kostky
- Obloha: plátky pomeranče nebo snítky máty

INSTRUKCE:

a) V hrnci přiveďte k varu 4 šálky vody; stáhněte z ohně, zašlehejte javorový sirup a nechte vychladnout.

b) Nakrájenou rebarboru v kuchyňském robotu pulsujte, dokud se nestane dužinou.

c) Ve střední nádobě nalijte 3 šálky horké vody na dužinu rebarbory a přikryjte.

d) Umístěte síto na vodu s javorovým sirupem v hrnci. Dužinu z rebarbory sceďte pomocí sítka do směsi javorového sirupu a vody. Aby se rebarborová tekutina spojila s javorovým sirupem a vodou, prošlehejte je. Naplňte džbán do poloviny vodou.

e) Koktejl nalijte do čtyř vysokých sklenic naplněných kostkami ledu.

f) Podávejte s plátkem pomeranče nebo snítkou máty jako ozdobu.

93.Horká medovina

SLOŽENÍ:

- 1/2 šálku/120 ml javorového sirupu
- 1 šálek/240 ml vody
- 3 až 4 hřebíčky
- 6 tyčinek skořice
- 1 celý lusk z vanilkového lusku (asi 7,5 cm dlouhý)
- Jeden proužek pomerančové kůry o délce 2,5 cm
- 1/4 lžičky mletého muškátového oříšku
- 16 uncí/480 ml vodky

INSTRUKCE:

a) Ve středním hrnci přiveďte k varu javorový sirup a vodu a z povrchu seškrábněte veškerou pěnu.

b) Vraťte hrnec k varu, poté odstraňte hřebíček, tyčinky skořice, lusk z vanilkového lusku a pomerančovou kůru. Nechte 1 nebo 2 minuty odstát, než se vrátíte k varu.

c) Sundejte z ohně, přikryjte a nechte louhovat alespoň 30 minut. Po přecezení přes jemné sítko nebo normální sítko vyložené kávovým filtrem přiveďte znovu k varu.

d) Do směsi přidejte vodku. Dobře promíchejte a ihned podávejte.

94.Česká káva

SLOŽENÍ:

- 6 oz horké uvařené kávy
- 3 oz Dorda Double Chocolate Liqueur
- Šlehačka na ozdobu

INSTRUKCE:

a) Ve skleněném hrnku smíchejte čerstvě uvařenou horkou kávu a Dorda Double Chocolate Liqueur. Zakončete kopečkem čerstvě našlehané smetany.

b) Ozdobte kakaovými zrny, espressem v čokoládě nebo strouhanou čokoládou, pokud chcete.

95.Chladič na citron a okurku

SLOŽENÍ:

- Drcený led
- 1 malá okurka Kirby
- ½ malého citronu
- 2 t čajové lžičky cukru
- 1/2 t čajové lžičky s čerstvě nastrouhaného zázvoru
- Seltzerská voda
- Vodka Zubrowka Bison Grass

INSTRUKCE:

a) Naplňte obě zednické nádoby drceným ledem na 34 % kapacity. Okurka by měla být nakrájena na tenká kolečka. Rozdělte směs mezi dvě zednické nádoby. Do každé zednické nádoby přidejte 1 lžičku cukru.

b) Do každé ze dvou zednických nádob vymačkejte půlku citronu. Chcete-li použít jako ozdobu, nakrájejte ze zbývající poloviny citronu dvě kolečka.

c) Do každé zednické nádoby nalijte 1,5 unce Zubrowky. Před nalitím sody přidejte do každého šálku čtvrt lžičky zázvoru. Naplňte sklenici do poloviny slanou vodou. Užijte si s plátkem citronu jako ozdobou!

96.Česká horká čokoláda

SLOŽENÍ:

- 2 šálky rostlinného mléka
- 1 šálek půl na půl
- 6 lžic cukru
- ¼ šálku českého kakaa nebo jiného kvalitního přírodního kakaa
- 3,5 unce kvalitní hořká čokoláda

INSTRUKCE:

a) Ve střední pánvi na středním ohni smíchejte všechny ingredience (kromě hořké čokolády) ve středně velké pánvi.

b) Za pravidelného míchání přiveďte pomalu k varu. Snižte na mírný oheň a za častého míchání vařte 4 minuty. Abyste se vyhnuli varu, bedlivě sledujte situaci.

c) Vmíchejte tmavou čokoládu, dokud se úplně nerozpustí. Vařte další jednu až dvě minuty. Suroviny hladce prošlehejte.

97.Třešeň Martini

SLOŽENÍ:

- 1 3,4 oz balení Francouzský vanilkový instantní pudink
- 4 šálky rostlinného mléka , rozdělené
- 1/2 lžičky mletého muškátového oříšku
- VOLITELNĚ: rum, rumový extrakt a šlehačka

INSTRUKCE:

a) Pomocí 2 šálků rostlinného mléka připravte instantní pudink podle návodu na obalu .

b) Do směsi přidejte 2 šálky rostlinného mléka a nastrouhaný muškátový oříšek.

c) V případě potřeby přidejte 2 lžičky rumového extraktu.

98.Koroptev V Hrušně

SLOŽENÍ:
- 2 unce hruškového nektaru
- 1 unce Crown Royal nebo Rye Whisky
- 2 unce Ginger Ale nebo na doplnění sklenice
- Led
- Hruška na ozdobu volitelné

INSTRUKCE:
a) V tumbleru naplňte do 1/4 ledem.
b) Přidejte hruškový nektar a Crown Royal.
c) Doplňte zázvorovým pivem.
d) Důkladně promíchejte.
e) Ozdobte dvěma plátky hrušek nakrájenými na tenké plátky.

99.Český Jahodový Cordial

SLOŽENÍ:

- 2 1/2 libry jahod, omytých a oloupaných
- 1 litr kvalitní vodky
- 2 hrnky cukru

INSTRUKCE:

a) Ve velké sterilizované skleněné nádobě smíchejte jahody a vodku. Uzavřete a skladujte po dobu jednoho týdne na tmavém a chladném místě.

b) Po 1 týdnu sceďte vodku přes cedník, jahody si odložte a nalijte do čisté, vydezinfikované skleněné nádoby.

c) Smíchejte cukr s jahodami, poté přendejte do čisté sterilizované skleněné nádoby a uzavřete. Uchovávejte obě nádoby po dobu 1 měsíce na tmavém a chladném místě.

d) Po 1 měsíci smíchejte jahodovou směs s vodkou, přeceďte a nalijte do čisté sterilizované skleněné nádoby.

e) Uzavřete a skladujte několik měsíců na chladném a tmavém místě.

100.Česká ananasová vodka

SLOŽENÍ:

- 1 libra čerstvých ananasových oštěpů nebo kousků
- 1 litr vodky
- 1 1/4 šálku cukru
- 1/4 šálku vody

INSTRUKCE:

a) Umístěte ananas do sklenic a naplňte vodkou; přikryjeme a uložíme na 2 měsíce do spíže.

b) Sceďte a přefiltrujte přes kávový filtr nebo cedník vyložený papírovou utěrkou.

c) Připravte sirup z cukru a vody; přidejte do ananasové vodky.

ZÁVĚR

Doufáme, že na konci našeho aromatického putování po „Vůni české kuchyně" jste zažili radost z objevování vůní a chutí, které definuj české kuchyně. Každá vůně na těchto stránkách je oslavou uklidňujících tradic, vřelosti a kulinářského dědictví, díky nimž je česka kuchyně jedinečným a rozkošným zážitkem – svědectvím o radosti která přichází s každým jídlem.

Ať už jste ochutnali pikantní vůni guláše, přijali sladkost koláčů nebo s vychutnali vůni čerstvě upečeného pečiva, věříme, že tyto vůně ve vá: podnítily rozmanité a lákavé vůně české kuchyně. Kéž se „Vůně české kuchyně" stane kromě ingrediencí a technik i zdrojem inspirace napojením na kulturní tradice a oslavou radosti, která přichází : každým chutným výtvorem.

Při dalším objevování světa české kuchyně ať je tato kniha vašín důvěryhodným společníkem a provede vás rozmanitými vůněmi, ktere předvedou bohatství a lákavé vůně českých kuchyní. Zde si můžet vychutnat nádherné vůně, znovu vytvořit tradiční vůně a přijmou radost, která přichází s každým soustem. Dobrou chuť! (Dobrou chuť!

Milton Keynes UK
Ingram Content Group UK Ltd.
UKHW050658280324
440307UK00012B/462